Herzsprung
Verlag

Impressum:

Herausgegeben von CAT creativ - Kreativagentur - www.cat-creativ.at - in Zusammenarbeit mit

Herzsprung Verlag GbR
Mühlstr. 10, 88085 Langenargen

E-Mail: info@herzsprung-verlag.de
Internet: www.herzsprung-verlag.de

Gedruckt in Polen

ISBN: 978-3-99051-090-2

Bildnachweise:
Covergestaltung: Papierfresserchens MTM-Verlag mit einem Bild von ©Atlas - Adobe Stock lizenziert
Bild S. 23: © Holland privat

Narija Holland

Mein Haushaltsbuch = Mein Sparbuch

Mit Kassenbuch und Spartipps Krisenzeiten bewältigen

Herzsprung-Verlag

Mein Haushaltsbuch = Mein Sparbuch

Vorwort

Haben Sie am Ende des Geldes noch immer so viel Monat über? Dann geht es Ihnen wie vielen anderen Menschen auch. Gerade in Krisenzeiten, wie manch einer von uns aktuell dramatisch erleben muss, reichen die persönlichen Einkünfte kaum mehr aus, die ständig steigenden Ausgaben zu decken. Kostete gestern die Butter noch 1,69 Euro, findet man sie ein paar Wochen später für 2,49 Euro im gleichen Laden wieder.

Das ist natürlich nur ein winziges Beispiel dafür, was uns aktuell allen Sorgen bereitet. Wie bestreite man die ganz normalen Ausgaben für den täglichen Bedarf bei diesen enormen Kostensteigerungen der vergangenen Wochen und Monate, denn das Geld, das jeder von uns in der Haushaltskasse hat, wird natürlich nicht zeitgleich mehr. Also heißt es einsparen und Ausgaben umsichtig planen. Oder gar verzichten. Leider kann man nicht auf alle Dinge des täglichen Bedarfs so einfach verzichten. Ja, man kann reduzieren, aber auch das nicht immer. Und natürlich muss das Leben auch weiterhin Spaß machen – trotz aller Einschränkungen.

Unser vorliegendes Buch „Mein Haushaltsbuch = Mein Sparbuch" will Ihnen helfen, Ihre Einnahmen und Ausgaben übersichtlich im Blick zu behalten. Dafür haben wir für zwölf Monate jeweils Tabellen eingefügt, die Sie mit Ihren Daten füllen können. Tragen Sie auch kleine Ausgaben und Einnahmen hier ein, damit Sie im Laufe der Zeit sehen können, wo es deutliche Preisänderungen gibt, beispielsweise bei einzelnen Produkten. Am Ende einer jeden Monatstabelle haben Sie die Möglichkeit, die aktuellen Daten im Vergleich zum Vormonat einzutragen, um zu sehen, wo es Veränderungen gegeben hat und wo Sie eventuell gegensteuern müssen.

Wir geben Ihnen zudem Tipps, wie und wo Sie bei Ihren Ausgaben einsparen können. Manchmal mag Ihnen der ein oder andere Tipp vielleicht trivial vorkommen, weil Sie dieses oder jenes schon seit langer Zeit genauso handhaben, doch wir wissen aus Erfahrung, dass für viele Verbraucher das Sparen bei den täglichen Ausgaben tatsächlich etwas ganz Neues ist. Und auch denen wollen wir mit unseren Tipps zur Seite stehen.

Nanja Holland

Mein Haushaltsbuch

Monat / Jahr ....

Nr.	Datum	Beschreibung	Einnahme	Ausgabe

			Gesamteinnahme	Gesamtausgabe

Mein Haushaltsbuch **Monat / Jahr ....**

Nr.	Datum	Beschreibung	Einnahme	Ausgabe
			Gesamteinnahme	**Gesamtausgabe**

Mein Haushaltsbuch **Monat / Jahr ....**

Nr.	Datum	Beschreibung	Einnahme	Ausgabe

			Gesamteinnahme	Gesamtausgabe

Mein Haushaltsbuch = Mein Sparbuch

Mein Haushaltsbuch **Monat / Jahr ....**

Nr.	Datum	Beschreibung	Einnahme	Ausgabe

			Gesamteinnahme	Gesamtausgabe

Vergleich zum Vormonat Monat / Monat / Jahr ………/………/………

Gesamteinnahmen Vormonat		Gesamteinnahmen Aktueller Monat	
Gesamtausgaben Vormonat		Gesamtausgaben Aktueller Monat	
Mehreinnahmen Vormonat		Mehreinnahmen Aktueller Monat	
Mehrausgaben Vormonat		Mehrausgaben Aktueller Monat	
Einsparungen Vormonat		Einsparungen Aktueller Monat	
Besonders teuer Vormonat		Besonders teuer Aktueller Monat	
Besonders günstig Vormonat		Besonders günstig Aktueller Monat	
Einmalige Ausgabe Vormonat		Einmalige Ausgabe Aktueller Monat	
Nachzahlungen etc. Vormonat		Nachzahlungen etc. Aktueller Monat	
Sonstiges		Sonstiges	
Persönliches Sparziel Vormonat		Persönliches Sparziel Aktueller Monat	

Mein Sparbuch

Wo kann man im laufenden Monat, im laufenden Jahr Kosten einsparen, um das Haushaltseinkommen zu entlasten? Wir geben Ihnen hier einige kleine Tipps, die Ihnen sicherlich helfen werden, den ein oder anderen Euro einzusparen.

Beim Einkaufen von Lebensmitteln und Haushaltsartikeln

Achten Sie auf Angebote.
Oftmals finden Sie die Prospekte der Läden in Ihrem Briefkasten. Studieren Sie diese aufmerksam und vergleichen Sie die Angebote untereinander. Notieren Sie sich, wo Sie welche Lebensmittel, Hygieneartikel oder Putzzeug im Angebot finden. Sollten Ihnen keine Prospekte vorliegen, so gibt es auf den Webseiten der Geschäfte diese Prospekte oftmals auch online.

Schreiben Sie sich einen Einkaufszettel.
Notieren Sie darauf in Absprache mit der/m Partner*In, den Kindern und anderen Haushaltsmitgliedern, was Sie benötigen. Frische Lebensmittel mit weniger langer Haltbarkeit wie Obst und Gemüse oder Wurst und Fleisch setzen Sie jede Woche auf Ihren Einkaufsplan. So können Sie flexibler reagieren, wenn Preise heruntergesetzt werden. Halten Sie sich bei Ihrem Einkauf, den Sie möglichst nur einmal wöchentlich erledigen sollten, streng an Ihren Einkaufszettel. So haben Frustkäufe, die meistens tiefe Löcher in die Geldbörse reißen, keine Chance.

Bevorraten Sie sich.
Bevorraten Sie haltbare Lebensmittel, Getränke, Hygieneartikel, wenn diese im Angebot sind. Achten Sie auf Rabattaktionen, bei denen Sie beim Einkauf von mehreren Artikeln noch einmal einen zusätzlichen Preisnachlass erhalten. Nehmen Sie sich vor, einmal im Monat Ihre Vorräte darauf zu kontrollieren, was Sie tatsächlich beim nächsten Einkauf auf die Liste setzen müssen.

Mein Haushaltsbuch

Monat / Jahr ....

Nr.	Datum	Beschreibung	Einnahme	Ausgabe

			Gesamteinnahme	Gesamtausgabe

Mein Haushaltsbuch = Mein Sparbuch

Mein Haushaltsbuch **Monat / Jahr ....**

Nr.	Datum	Beschreibung	Einnahme	Ausgabe

			Gesamteinnahme	Gesamtausgabe

Mein Haushaltsbuch **Monat / Jahr ....**

Nr.	Datum	Beschreibung	Einnahme	Ausgabe

			Gesamteinnahme	Gesamtausgabe

Mein Haushaltsbuch = Mein Sparbuch

Mein Haushaltsbuch **Monat / Jahr ....**

Nr.	Datum	Beschreibung	Einnahme	Ausgabe

			Gesamteinnahme	Gesamtausgabe

Vergleich zum Vormonat   Monat / Monat / Jahr ..../........./.........

Gesamteinnahmen Vormonat		Gesamteinnahmen Aktueller Monat	
Gesamtausgaben Vormonat		Gesamtausgaben Aktueller Monat	
Mehreinnahmen Vormonat		Mehreinnahmen Aktueller Monat	
Mehrausgaben Vormonat		Mehrausgaben Aktueller Monat	
Einsparungen Vormonat		Einsparungen Aktueller Monat	
Besonders teuer Vormonat		Besonders teuer Aktueller Monat	
Besonders günstig Vormonat		Besonders günstig Aktueller Monat	
Einmalige Ausgabe Vormonat		Einmalige Ausgabe Aktueller Monat	
Nachzahlungen etc. Vormonat		Nachzahlungen etc. Aktueller Monat	
Sonstiges		Sonstiges	
Persönliches Sparziel Vormonat		Persönliches Sparziel Aktueller Monat	

Mein Sparbuch

Auf Verpackungsgrößen achten.
Achten Sie beim Einkauf darauf, was der einzelne Liter oder das Kilogramm der Ware kostet, die Sie in Ihren Einkaufswagen legen. Kleine Gebinde sind oft weitaus teurer als größere. Auch hier lässt sich Geld sparen.

Im Onlinehandel kaufen.
Klar, das ist nicht jedermanns Ding. Es soll hier auch nur als Alternative aufgeführt sein, wenn Sie selbst internetaffin sind und öfter online einkaufen. Vergleichen Sie aber auch hier die Preise mit denen des Einzelhandels vor Ort. Trotzdem lohnt sich das Onlineshoppen so manches Mal, vor allen Dingen dann, wenn man ländlich wohnt und bestimmte Geschäfte nicht vor Ort hat oder vor Ort manche Sachen einfach nicht zu bekommen sind. Wir haben den Test bei Tierfutter gemacht und pro Großpackung glatt mehr als einen Euro gespart. Bei gefräßigen Vierbeinern kann das schon so mancher Euro im Jahr sein.

Wenn Sie im Onlinehandel kaufen, achten Sie auf die Versandkosten. Nicht, dass Ihr eingespartes Geld gleich wieder für den Transport draufgeht. Da wir sehr viel im Onlinehandel bestellen, lohnt sich für uns beispielsweise beim großen A (= Amazon) eine Primemitgliedschaft, bei der beim Einkauf keine extra Versandkosten mehr anfallen. Man bezahlt dafür nur einmal jährlich einen bestimmten Obolus und hat durch die Mitgliedschaft auch noch weitere Vorteile. Wir achten bei den Einkäufen dann allerdings auch penibel darauf, nur Prime-Artikel in den Warenkorb zu legen. Für uns macht das jedes Jahr ein sattes Plus.

Hinzu kommt, dass man im Onlinehandel manches Mal auch Abos für ein bestimmtes Produkt abschließen kann – mit unterschiedlichen Lieferzeiten. Wenn Sie also genau wissen, dass Sie alle vier Monate eine Dose klare Suppe benötigen, dann können Sie diese auch im Abo beziehen und noch einmal pro Lieferung ein paar Cent sparen.

Mein Haushaltsbuch **Monat / Jahr ....**

Nr.	Datum	Beschreibung	Einnahme	Ausgabe

			Gesamteinnahme	Gesamtausgabe

Mein Haushaltsbuch **Monat / Jahr ....**

Nr.	Datum	Beschreibung	Einnahme	Ausgabe

			Gesamteinnahme	Gesamtausgabe

Mein Haushaltsbuch

Monat / Jahr ....

Nr.	Datum	Beschreibung	Einnahme	Ausgabe

			Gesamteinnahme	Gesamtausgabe

Mein Haushaltsbuch = Mein Sparbuch

Mein Haushaltsbuch **Monat / Jahr ....**

Nr.	Datum	Beschreibung	Einnahme	Ausgabe

			Gesamteinnahme	Gesamtausgabe

Vergleich zum Vormonat   Monat / Monat / Jahr ..../........./.........

Gesamteinnahmen Vormonat		Gesamteinnahmen Aktueller Monat	
Gesamtausgaben Vormonat		Gesamtausgaben Aktueller Monat	
Mehreinnahmen Vormonat		Mehreinnahmen Aktueller Monat	
Mehrausgaben Vormonat		Mehrausgaben Aktueller Monat	
Einsparungen Vormonat		Einsparungen Aktueller Monat	
Besonders teuer Vormonat		Besonders teuer Aktueller Monat	
Besonders günstig Vormonat		Besonders günstig Aktueller Monat	
Einmalige Ausgabe Vormonat		Einmalige Ausgabe Aktueller Monat	
Nachzahlungen etc. Vormonat		Nachzahlungen etc. Aktueller Monat	
Sonstiges		Sonstiges	
Persönliches Sparziel Vormonat		Persönliches Sparziel Aktueller Monat	

Mein Sparbuch

Großpackungen ab in den Warenkorb.
Wenn Sie viel kochen oder eine große Familie haben, die Sie versorgen müssen, lohnen sich oftmals auch Großpackungen von Gewürzen, Kaffee oder anderen Lebensmitteln, die Sie in dieser Verpackungsgröße sonst nur im Großhandel erhalten. Wenn im Onlinehandel ein Kilo Lorbeerblätter genauso viel kostet wie im Einzelhandel ein paar einzelne Blätter, dann muss man nicht lange überlegen ... Gleiches gilt für Pfefferkörner für die Pfeffermühle, für Curry oder Paprika. Wir haben damit schon etliche Euro sparen können und immer ausreichend Vorrat zu Hause.

Lebensmittel retten.
Seit einiger Zeit ist es möglich, sich als Verbraucher auch an der Rettung von Lebensmitteln zu beteiligen. Dazu muss man nicht in die Container von Lebensmittelgeschäften steigen, was übrigens verboten ist, sondern kann dies durchaus auch ganz legal tun.

Inzwischen sind sogar bereits die ersten Discounter dazu übergegangen, schnell verderbliche Ware wie Obst und Gemüse in sehr stark reduzierten Gemüseboxen anzubieten. Das Obst und Gemüse, das man in diesen Tüten oder Kartons findet, ist natürlich oft keine 1A-Ware mehr, aber wir haben die Erfahrung gemacht, dass selbst Bananen noch mindestens 8 bis 10 Tage nach Einkauf sehr lecker sind. Und Äpfel aus diesen Retterboxen – wir bezahlen 3 Euro für eine solche Kiste – haben wir auch schon noch nach vier Wochen mit Genuss verspeisen können.

Mein Haushaltsbuch **Monat / Jahr ....**

Nr.	Datum	Beschreibung	Einnahme	Ausgabe

			Gesamteinnahme	Gesamtausgabe

Mein Haushaltsbuch = Mein Sparbuch

Mein Haushaltsbuch

Monat / Jahr ....

Nr.	Datum	Beschreibung	Einnahme	Ausgabe

			Gesamteinnahme	Gesamtausgabe

Mein Haushaltsbuch **Monat / Jahr ....**

Nr.	Datum	Beschreibung	Einnahme	Ausgabe

			Gesamteinnahme	Gesamtausgabe

Mein Haushaltsbuch = Mein Sparbuch

Mein Haushaltsbuch **Monat / Jahr ....**

Nr.	Datum	Beschreibung	Einnahme	Ausgabe

			Gesamteinnahme	Gesamtausgabe

Vergleich zum Vormonat   Monat / Monat / Jahr ..../........./.........

Gesamteinnahmen Vormonat		Gesamteinnahmen Aktueller Monat	
Gesamtausgaben Vormonat		Gesamtausgaben Aktueller Monat	
Mehreinnahmen Vormonat		Mehreinnahmen Aktueller Monat	
Mehrausgaben Vormonat		Mehrausgaben Aktueller Monat	
Einsparungen Vormonat		Einsparungen Aktueller Monat	
Besonders teuer Vormonat		Besonders teuer Aktueller Monat	
Besonders günstig Vormonat		Besonders günstig Aktueller Monat	
Einmalige Ausgabe Vormonat		Einmalige Ausgabe Aktueller Monat	
Nachzahlungen etc. Vormonat		Nachzahlungen etc. Aktueller Monat	
Sonstiges		Sonstiges	
Persönliches Sparziel Vormonat		Persönliches Sparziel Aktueller Monat	

Natürlich gibt es längst die Möglichkeit, auch per App oder im Internet Lebensmittel zu retten. Die bekannteste App dürfte dabei wohl zurzeit „To good to go" (https://toogoodtogo.de) sein, bei der man sich registrieren kann, um dann nach Ladenschluss beispielsweise in Restaurants oder Lebensmittelgeschäften, in Cafés und Bäckereien reduzierte Waren von zu viel produzierten Dingen oder Gerichten zu erhalten. Etwas anders arbeitet die Website Sir Plus (https://sirplus.de), die gerettete Lebensmittel wieder in den Kreislauf bringt und bei der man gleich Abos für einen regelmäßigen Bezug abschließen kann.

Wer sehr wenige finanzielle Mittel hat, seinen Lebensunterhalt zu bestreiten, sollte aber auch auf das Angebot der deutschlandweit arbeitenden Tafeln zurückgreifen. Ähnliche Angebote gibt es auch in Österreich – in Vorarlberg ist das beispielsweise die Organisation „Tischlein Deck Dich", die Produkte aus Überproduktionen, mit Blessuren oder kurz vor Ablauf des Mindesthaltbarkeitsdatums wieder in den Lebensmittelkreislauf bringt. In Wien heißt der Verein „Wiener Tafeln". Man muss sich nicht dafür schämen, mit seinem Geld nicht auszukommen, wenn man wenig verdient oder auf staatliche Hilfen angewiesen ist.

Mindesthaltbarkeitsdatum.
Wir haben es gerade schon einmal angeschnitten, das Thema Mindesthaltbarkeit von Lebensmitteln. In der Diskussion ein alter Hut, dennoch hört es nicht auf, dass Verbraucher und Geschäfte tonnenweise Lebensmittel wegwerfen, nur weil sie das Mindesthaltbarkeitsdatum überschritten haben. Keine Sorge, wir fordern Sie nicht dazu auf, vergammelte Lebensmittel zu sich zu nehmen. Das wäre fatal für Ihre Gesundheit. Aber wir legen Ihnen nahe – auch unter Sparaspekten – sich selbst einmal zu überprüfen. Wie reagieren Sie darauf, wenn Lebensmitteln das auf der Verpackung aufgedruckte Datum überschritten haben?

Wir plädieren dafür: Verlassen Sie sich auf Ihre eigenen Sinne. Schauen Sie sich das Lebensmittel genau an. Riechen Sie. Testen Sie. Und dann entscheiden Sie selbst, ob Sie es noch essen möchten oder nicht.

Mein Haushaltsbuch

Monat / Jahr ....

Nr.	Datum	Beschreibung	Einnahme	Ausgabe

			Gesamteinnahme	Gesamtausgabe

Mein Haushaltsbuch = Mein Sparbuch

Mein Haushaltsbuch **Monat / Jahr ....**

Nr.	Datum	Beschreibung	Einnahme	Ausgabe

			Gesamteinnahme	Gesamtausgabe

Mein Haushaltsbuch

Monat / Jahr ....

Nr.	Datum	Beschreibung	Einnahme	Ausgabe

			Gesamteinnahme	Gesamtausgabe

Mein Haushaltsbuch = Mein Sparbuch

Mein Haushaltsbuch **Monat / Jahr ....**

Nr.	Datum	Beschreibung	Einnahme	Ausgabe

			Gesamteinnahme	Gesamtausgabe

Vergleich zum Vormonat Monat / Monat / Jahr ..../........./.........

Gesamteinnahmen Vormonat		Gesamteinnahmen Aktueller Monat	
Gesamtausgaben Vormonat		Gesamtausgaben Aktueller Monat	
Mehreinnahmen Vormonat		Mehreinnahmen Aktueller Monat	
Mehrausgaben Vormonat		Mehrausgaben Aktueller Monat	
Einsparungen Vormonat		Einsparungen Aktueller Monat	
Besonders teuer Vormonat		Besonders teuer Aktueller Monat	
Besonders günstig Vormonat		Besonders günstig Aktueller Monat	
Einmalige Ausgabe Vormonat		Einmalige Ausgabe Aktueller Monat	
Nachzahlungen etc. Vormonat		Nachzahlungen etc. Aktueller Monat	
Sonstiges		Sonstiges	
Persönliches Sparziel Vormonat		Persönliches Sparziel Aktueller Monat	

Natürlich ist es immer besser, die Dinge, die man einkauft, auch so zu verbrauchen, dass eben nichts schlecht werden kann. Aber manchmal passiert es dann doch, dass man im hintersten Eck noch einen Schokopudding findet, der schon vier Wochen überfällig ist, oder einen Joghurt, dessen Mindesthaltbarkeitsdatum ein halbes Jahr zurückliegt. Wir haben die Probe aufs Exempel gemacht und uns auf unsere Sinne verlassen. Pudding und Joghurt waren ohne Einschränkung genießbar ... und lecker.

Lebensmittel konservieren.
Wenn Sie einmal zu viel gekauft haben – bei uns passiert das regelmäßig mit Möhren und Kartoffeln – oder aber aufgrund eines Angebots doch eine größere Menge preisgünstig einkaufen konnten, dann denken Sie mal darüber nach, wie Sie diese Lebensmittel nachhaltig verwerten können, ohne dass Sie beispielsweise nun fünf Tage am Stück nur Möhren essen müssen.

Einfrieren ist die eine Möglichkeit. Gemüse blanchieren, ab in die Tüte oder Einfrierbox und dann in den Froster. Haben wir früher öfter gemacht, wenn etwas übrig blieb oder wir zu viel eingekauft hatten, einzig bei Fleisch waren wir immer sehr skeptisch. Inzwischen aber haben wir ein preisgünstiges Vakuumiergerät in der Küche, sodass wir frisches Fleisch im Angebot einkaufen, vakuumieren und dann einfrieren. Kein Gefrierbrand mehr, kein Geschmacksverlust nach dem Auftauen. Allerdings verbrauchen Gefrierschränke und Truhen permanent Strom. Wir sind inzwischen dazu übergegangen, nur noch Fleisch und Fisch einzufrieren, wenn wir beides günstig bekommen. Gemüse, Kartoffeln oder Obst konservieren wir anders.

Denn seit etwa zwei Jahren kochen wir Lebensmittel auch ein. Was unsere Großmütter konnten, können wir schon lange. Auch wenn wir uns altes Wissen erst mühsam wieder aneignen müssen, denn unsere Mütter haben das Einkochen selbst in den wenigsten Fällen noch praktiziert. Zum Thema gibt es im Internet zahlreiche Hilfen, wie man sicher und gut einkochen kann. Und damit meinen wir nicht nur das (Ein-)Kochen von Marmelade oder das Einlegen von Gurken, nein, es können ganze Gerichte auf diese Art und Weise haltbar gemacht werden.

Mein Haushaltsbuch **Monat / Jahr ....**

Nr.	Datum	Beschreibung	Einnahme	Ausgabe
			Gesamteinnahme	Gesamtausgabe

Mein Haushaltsbuch = Mein Sparbuch

Mein Haushaltsbuch **Monat / Jahr ....**

Nr.	Datum	Beschreibung	Einnahme	Ausgabe

			Gesamteinnahme	Gesamtausgabe

Mein Haushaltsbuch **Monat / Jahr ....**

Nr.	Datum	Beschreibung	Einnahme	Ausgabe

			Gesamteinnahme	Gesamtausgabe

Mein Haushaltsbuch = Mein Sparbuch

Mein Haushaltsbuch **Monat / Jahr ....**

Nr.	Datum	Beschreibung	Einnahme	Ausgabe

			Gesamteinnahme	Gesamtausgabe

Vergleich zum Vormonat Monat / Monat / Jahr ..../........./.........

Gesamteinnahmen Vormonat		Gesamteinnahmen Aktueller Monat	
Gesamtausgaben Vormonat		Gesamtausgaben Aktueller Monat	
Mehreinnahmen Vormonat		Mehreinnahmen Aktueller Monat	
Mehrausgaben Vormonat		Mehrausgaben Aktueller Monat	
Einsparungen Vormonat		Einsparungen Aktueller Monat	
Besonders teuer Vormonat		Besonders teuer Aktueller Monat	
Besonders günstig Vormonat		Besonders günstig Aktueller Monat	
Einmalige Ausgabe Vormonat		Einmalige Ausgabe Aktueller Monat	
Nachzahlungen etc. Vormonat		Nachzahlungen etc. Aktueller Monat	
Sonstiges		Sonstiges	
Persönliches Sparziel Vormonat		Persönliches Sparziel Aktueller Monat	

Mein Sparbuch

Auch wenn man Facebook verteufeln mag, dort gibt es inzwischen viele Gruppen, in denen man sich Tipps und Ratschläge zu bestimmten Themen, auch zum Einkochen und Haltbarmachen von Lebensmitteln, holen kann. Ob eine Gruppe dabei vertrauenswürdig ist, sieht man als Laie ganz schnell: Lebensmittel heiß abfüllen und mit einem Deckel verschließen, hat nichts mit Einkochen zu tun. Nach dem Einfüllen werden Gläser nicht auf den Kopf gestellt, weil dann der Inhalt zwischen Deckel und Glas laufen und das Einkochgut verderben kann. Gläser werden generell beim Einkochen nicht bis unter den Rand gefüllt, sondern es wird Platz bis zum Glasrand von ca. 3 Zentimetern gelassen. Das sind nur ein paar kleine, einfache Regeln. Vorab gut informieren, dann steht dem sicheren Einkochen nichts mehr im Weg. Wer mehr über diese Gruppen auf Facebook erfahren möchte, kann sich gerne per E-Mail an den Verlag wenden.

Wer das Einkochen für sich entdeckt, kann auch in Zeiten sehr knapper Kassen auf einen reich gedeckten Tisch blicken. Einkochbar sich beispielsweise Fleischgerichte wie Gulasch, Zwiebelfleisch oder Bolognese. Man kann Möhrensalat ebenso einkochen wie Kuchen, Suppen, Gemüse, Obst oder Nudeln und Reis. Ein weiterer Vorteil des Einkochens ist, dass man auch als kleiner Haushalt damit Geld sparen kann, indem man zunächst eine größere Menge des gewünschten Gerichts zubereitet und dann tatsächlich portionsweise für ein oder zwei Leute einkocht, sodass man beispielsweise von einem Kilo Gulasch durchaus als Singlehaushalt sieben- oder achtmal essen kann. Und das eben nicht an sieben oder acht Tagen hintereinander, sondern über Wochen und Monate verteilt. Denn richtig eingekochte Lebensmittel sind schier unendlich haltbar.

Eine dritte Möglichkeit, Lebensmittel zu konservieren, ist das Fermentieren, eine uralte Methode, die bereits die alten Römer kannten. Wer sich darunter nun wenig vorstellen kann, der schaut sich am besten einmal an, wie Sauerkraut hergestellt wird – auch das kann man in jeder ganz normalen Küche ganz einfach selbst herstellen. Rezepte finden sich natürlich in Kochbüchern, für die, die es klassisch mögen, und natürlich im Internet. Auch das Fermentieren haben wir längst ausprobiert und würden heute nie wieder anderes Sauerkraut als das selbst fermentierte zu uns nehmen.

Mein Haushaltsbuch

Monat / Jahr ....

Nr.	Datum	Beschreibung	Einnahme	Ausgabe

			Gesamteinnahme	Gesamtausgabe

Mein Haushaltsbuch

Monat / Jahr ....

Nr.	Datum	Beschreibung	Einnahme	Ausgabe

			Gesamteinnahme	Gesamtausgabe

Mein Haushaltsbuch **Monat / Jahr ....**

Nr.	Datum	Beschreibung	Einnahme	Ausgabe
			Gesamteinnahme	**Gesamtausgabe**

Mein Haushaltsbuch = Mein Sparbuch

Mein Haushaltsbuch **Monat / Jahr ....**

Nr.	Datum	Beschreibung	Einnahme	Ausgabe
			Gesamteinnahme	Gesamtausgabe

Vergleich zum Vormonat   Monat / Monat / Jahr ..../........./.........

Gesamteinnahmen Vormonat		Gesamteinnahmen Aktueller Monat	
Gesamtausgaben Vormonat		Gesamtausgaben Aktueller Monat	
Mehreinnahmen Vormonat		Mehreinnahmen Aktueller Monat	
Mehrausgaben Vormonat		Mehrausgaben Aktueller Monat	
Einsparungen Vormonat		Einsparungen Aktueller Monat	
Besonders teuer Vormonat		Besonders teuer Aktueller Monat	
Besonders günstig Vormonat		Besonders günstig Aktueller Monat	
Einmalige Ausgabe Vormonat		Einmalige Ausgabe Aktueller Monat	
Nachzahlungen etc. Vormonat		Nachzahlungen etc. Aktueller Monat	
Sonstiges		Sonstiges	
Persönliches Sparziel Vormonat		Persönliches Sparziel Aktueller Monat	

Mein Sparbuch

All die hier angesprochenen Konservierungsmöglichkeiten haben den Vorteil, dass sie es uns ermöglich, saisonal, also dann, wenn die Lebensmittel wie Obst oder Gemüse bei uns in der Region reif sind, in einer größeren Menge einzukaufen, was oft günstiger ist. Vielerorts gibt es Hofläden oder Stände von Bauern an der Straße – so kennen wir es von zu Hause aus. Und wer diese Möglichkeit nicht hat, findet vielleicht folgende Tipps hilfreich:

Lebensmitteln selbst anbauen.

Keine Sorge, wir wollen aus keinem von Ihnen einen Gärtner machen, wenn er daran keinen Spaß hat. Aber wer es einmal ausprobieren möchte, sollte zumindest einmal den Versuch wagen, denn Platz fürs Gärtnern findet sich auch auf dem kleinsten Balkon, auf der schmalsten Terrasse und in jedem noch so winzigen Garten. Wir selbst haben alles ausprobiert und praktizieren es seit einigen Jahren mit wachsender Begeisterung. Klar ist das Ganze auch mal mit Frust belegt, wenn die Tomaten zu viel Feuchtigkeit bekommen und an Braunfäule erkranken, aber in den meisten Fällen fühlt man sich wie ein Großbauer, wenn man seine ersten eigenen Tomaten kräftig rot und geschmacklich unübertroffen ernten kann. Es kommt kindliche Freude auf, wenn die ersten Radieschen aus dem Blumenkasten gezogen oder die ersten Erdbeeren aus dem Pflanzsack geerntet werden können.

Immer wieder haben wir, wenn wir von unseren eigenen gärtnerischen Vorhaben berichtet haben, gehört, dass das Gegenüber keinen grünen Daumen habe. Wir behaupten mal frech, dass man diesen grünen Daumen heute für den privaten Anbau von Obst und Gemüse im eigenen Garten oder auf dem Balkon nicht mehr unbedingt braucht. Youtube bietet so viele tolle Kurzvideos, durch die man sich die einzelnen Schritte erklären lassen kann, das kaum noch etwas schiefgehen kann. Und wenn doch mal was nicht gelingt, verbucht man das unter dem Stichwort „Erfahrung". Selbst anbaute Salate, die man von der Keimung bis zum Verzehr begleitet, schmecken nicht nur hervorragend, sondern sind zu bestimmten Zeiten auch günstiger als gekaufte. Gleiches gilt für Tomaten, Gurken und viele andere Gemüse, die man einfach selbst ziehen kann.

Mein Haushaltsbuch **Monat / Jahr ....**

Nr.	Datum	Beschreibung	Einnahme	Ausgabe
			Gesamteinnahme	**Gesamtausgabe**

Mein Haushaltsbuch = Mein Sparbuch

Mein Haushaltsbuch **Monat / Jahr ....**

Nr.	Datum	Beschreibung	Einnahme	Ausgabe
			Gesamteinnahme	Gesamtausgabe

Mein Haushaltsbuch

Monat / Jahr ....

Nr.	Datum	Beschreibung	Einnahme	Ausgabe

			Gesamteinnahme	Gesamtausgabe

Mein Haushaltsbuch = Mein Sparbuch

Mein Haushaltsbuch

Monat / Jahr ....

Nr.	Datum	Beschreibung	Einnahme	Ausgabe

			Gesamteinnahme	Gesamtausgabe

Vergleich zum Vormonat Monat / Monat / Jahr ………/………/………

Gesamteinnahmen Vormonat		Gesamteinnahmen Aktueller Monat	
Gesamtausgaben Vormonat		Gesamtausgaben Aktueller Monat	
Mehreinnahmen Vormonat		Mehreinnahmen Aktueller Monat	
Mehrausgaben Vormonat		Mehrausgaben Aktueller Monat	
Einsparungen Vormonat		Einsparungen Aktueller Monat	
Besonders teuer Vormonat		Besonders teuer Aktueller Monat	
Besonders günstig Vormonat		Besonders günstig Aktueller Monat	
Einmalige Ausgabe Vormonat		Einmalige Ausgabe Aktueller Monat	
Nachzahlungen etc. Vormonat		Nachzahlungen etc. Aktueller Monat	
Sonstiges		Sonstiges	
Persönliches Sparziel Vormonat		Persönliches Sparziel Aktueller Monat	

Mein Sparbuch

Wer sich für das Gärtnern im eigenen (Klein-)garten, auf einer Pachtparzelle, auf der Terrasse oder dem Balkon inspiriert, der sollte einmal hier vorbeischauen: www.gartengemuesekiosk.de. Jen und ihr Mann unterhalten auf ihrem Grundstück einen Selbstversorgergarten und geben so viele wundervolle Tipps an jeden Interessierten weiter, dass selbst wir uns dort noch zahlreiche Anregungen holen konnten und interessante Neuigkeiten erfahren haben.

Was das alles kostet …

Ganz ohne Investitionen gehen die Dinge, die wir hier zum Konservieren und selbst Anbauen von Obst und Gemüse vorgestellt haben, natürlich nicht. Aber keine Sorge, das alles lässt sich auch mit kleinem und kleinstem Budget in die Tat umsetzen und verwirklichen. Fangen wir mal an:

Einkochen kann man in einem großen Kochtopf. Wichtig ist nur, dass das Einkochgut zu gut Dreiviertel mit Wasser bedeckt ist und die entsprechende Einkochtemperatur erreicht werden kann. Besser ist es natürlich, wenn man sich einen speziellen Einkochtopf zulegt. Wir selbst haben einen alten Einkochtopf aus den Beständen der Schwiegermutter geerbt, der so gut wie nie gebraucht wurde und noch heute wunderbare Dienste leistet. Bei Ebay oder in anderen Kleinanzeigenforen findet man ebenso welche. Wir schauen bei solchen Anschaffungen gerne auch mal in Sozialläden oder Secondhandshops vorbei, wo Gebrauchsgegenständen neues Leben eingehaucht wird und Elektrogeräte – zumindest ist das bei unserem Caritasladen so – vor dem Weiterverkauf überprüft werden.

Wir kochen zudem nicht mit klassischen Weckgläsern ein, sondern verwenden Schraubgläser mit Metalldeckel, also solche, in denen man Marmelade oder Gurken oder Oliven kaufen kann. Die Gläser kann man selbst sammeln, gebraucht von Freunden, Nachbarn, Verwandten bekommen, aber natürlich auch neu kaufen – in vielen Ein-Euro- oder Resteläden findet man seit ein paar Jahren zur Erntesaison immer wieder günstig solche Schraubgläser mit Deckel neu.

Mein Haushaltsbuch **Monat / Jahr ....**

Nr.	Datum	Beschreibung	Einnahme	Ausgabe

			Gesamteinnahme	Gesamtausgabe

Mein Haushaltsbuch **Monat / Jahr ....**

Nr.	Datum	Beschreibung	Einnahme	Ausgabe

			Gesamteinnahme	Gesamtausgabe

Mein Haushaltsbuch = Mein Sparbuch

Mein Haushaltsbuch Monat / Jahr ....

Nr.	Datum	Beschreibung	Einnahme	Ausgabe

			Gesamteinnahme	Gesamtausgabe

Mein Haushaltsbuch

Monat / Jahr ....

Nr.	Datum	Beschreibung	Einnahme	Ausgabe

			Gesamteinnahme	Gesamtausgabe

Vergleich zum Vormonat Monat / Monat / Jahr ………/………/………

Gesamteinnahmen Vormonat		Gesamteinnahmen Aktueller Monat	
Gesamtausgaben Vormonat		Gesamtausgaben Aktueller Monat	
Mehreinnahmen Vormonat		Mehreinnahmen Aktueller Monat	
Mehrausgaben Vormonat		Mehrausgaben Aktueller Monat	
Einsparungen Vormonat		Einsparungen Aktueller Monat	
Besonders teuer Vormonat		Besonders teuer Aktueller Monat	
Besonders günstig Vormonat		Besonders günstig Aktueller Monat	
Einmalige Ausgabe Vormonat		Einmalige Ausgabe Aktueller Monat	
Nachzahlungen etc. Vormonat		Nachzahlungen etc. Aktueller Monat	
Sonstiges		Sonstiges	
Persönliches Sparziel Vormonat		Persönliches Sparziel Aktueller Monat	

Wichtig: Wenn Sie gebrauchte Schraubgläser verwenden, schauen Sie sich die Deckel genau an. Sind dort Verformungen oder gar Roststellen zu finden, so besorgen Sie sich neu, verwenden Sie diese beschädigten Deckel auf keinen Fall weiter, denn das Eingekochte würde zu schnell verderben. Und das wäre in Bezug auf das Einsparen von Geld natürlich kontraproduktiv. Verwenden Sie auch keine Gläser mit Plastikdeckeln, wie man die bei Honig oder Nussnugatcremes oft hat, diese Deckel schließen nicht luftdicht ab und bilden nach dem Einkochen kein Vakuum. Wir haben auch schon gesehen, dass an Altglasbehältern Körbe mit entsprechendem Zettel aufgestellt waren, bei denen der Aufsteller um Marmeladengläser und Co. bat. So kosten die Gläser natürlich ebenfalls keinen Cent. Übrigens kann man die Schraubgläser auch gut zum Fermentieren nutzen.

Wenn Sie anfangen möchten, sich einen kleinen Gemüsegarten aufzubauen oder aber künftig auf dem Balkon oder der Terrasse Gurken, Tomaten, Zucchini oder Kartoffeln anbauen wollen, dann muss auch das nicht teuer sein. Wir haben uns beispielsweise zahlreiche riesengroße Terrakottatöpfe im Frühjahr vom Wertstoffhof geholt, in denen nun unsere Tomaten und Gurken auf der Terrasse wachsen. Diese Töpfe, die im Gartencenter sonst richtig teuer sind, haben uns ... nichts ... gekostet, außer einer netten Frage und einem Dankeschön. Auch in Sozialkaufhäusern kann man diesbezüglich immer wieder einmal richtige Schnäppchen für ein oder zwei Euro machen. Es müssen ja nicht immer nur Tontöpfe sein, wir haben Tomaten und Gurken auch in großen Plastiktöpfen angebaut. Zudem haben wir alle alten Boxen, beispielsweise aus dem ehemaligen Kinderzimmer unserer Tochter, und Aufbewahrungsboxen aus dem Keller zu Pflanzkübeln umfunktioniert. In die Unterseite einfach Löcher bohren und dann mit Erde befüllen.

Bei der Erde waren wir zunächst einmal nicht besonders wählerisch. Wir kaufen für die vielen Töpfe, Tröge, Boxen und Hochbeete, die wir inzwischen haben, keine teure Pflanzerde, sondern Erde aus dem Discounter für – in diesem Jahr im Frühling noch unter – 2 Euro (für den 40 Liter-Sack). Aber wir Pimpen unsere Erde auf. Wir haben inzwischen zwei Komposter in unserem Garten stehen, in dem wir unsere fleißigen Helfer, die Regenwürmer, kostenlos für uns arbeiten lassen. Sie zersetzen wunderbar das organische Material zu Erde, die wir dann verwenden können.

Mein Haushaltsbuch **Monat / Jahr ....**

Nr.	Datum	Beschreibung	Einnahme	Ausgabe

			Gesamteinnahme	Gesamtausgabe

Mein Haushaltsbuch = Mein Sparbuch

Mein Haushaltsbuch **Monat / Jahr ....**

Nr.	Datum	Beschreibung	Einnahme	Ausgabe

			Gesamteinnahme	Gesamtausgabe

Mein Haushaltsbuch **Monat / Jahr ....**

Nr.	Datum	Beschreibung	Einnahme	Ausgabe

			Gesamteinnahme	Gesamtausgabe

Mein Haushaltsbuch = Mein Sparbuch

Mein Haushaltsbuch

Monat / Jahr ....

Nr.	Datum	Beschreibung	Einnahme	Ausgabe

			Gesamteinnahme	Gesamtausgabe

Vergleich zum Vormonat   Monat / Monat / Jahr ..../........./.........

Gesamteinnahmen Vormonat		Gesamteinnahmen Aktueller Monat	
Gesamtausgaben Vormonat		Gesamtausgaben Aktueller Monat	
Mehreinnahmen Vormonat		Mehreinnahmen Aktueller Monat	
Mehrausgaben Vormonat		Mehrausgaben Aktueller Monat	
Einsparungen Vormonat		Einsparungen Aktueller Monat	
Besonders teuer Vormonat		Besonders teuer Aktueller Monat	
Besonders günstig Vormonat		Besonders günstig Aktueller Monat	
Einmalige Ausgabe Vormonat		Einmalige Ausgabe Aktueller Monat	
Nachzahlungen etc. Vormonat		Nachzahlungen etc. Aktueller Monat	
Sonstiges		Sonstiges	
Persönliches Sparziel Vormonat		Persönliches Sparziel Aktueller Monat	

Außerdem arbeiten wir nun schon im zweiten Jahr mit Bokashi-Eimern, mit denen nach japanischer Art all unsere Küchenabfälle – mit Ausnahme von Wurst, Ölen und Fleisch – in den Nahrungskreislauf als Nährstoffe zurückgebracht werden. Zugegeben, diese Eimer, wir haben acht Stück an der Zahl, sind nicht ganz billig, aber manchmal kann man auch hier das ein oder andere Schnäppchen in den gängigen Kleinanzeigen finden. Und im Internet gibt es Anleitungen, wie man diese Eimer mit einfachsten Mitteln selbst bauen kann. Das haben wir nicht ausprobiert, aber die Anleitungen, die wir uns angesehen haben, sehen durchaus vernünftig aus. Das Kompostieren nach der Bokashi-Methode hat den Vorteil, dass das zu kompostierende Material weitaus schneller umsetzt wird als beim herkömmlichen Kompostieren. Zum anderen ist das Bokashieren auch auf kleinstem Raum möglich, wohingegen jeder Komposter doch ziemlich viel Raum im Garten benötigt.

Mit der Erde, die wir durch das Kompostieren gewinnen – aus beiden Methoden – pimpen wir jede gekaufte Pflanzerde auf und haben nur die allerbesten Erfahrungen damit gemacht. Und zum Düngen unserer Tomaten, Kartoffeln oder Zucchini verwenden wir auch noch den kostenlos anfallenden Bokashi-Saft, der während des Umsetzungsprozesses anfällt und in verdünnter Form als orangischer Dünger verwendet werden kann. Wir haben in diesem zweiten Jahr keinen anderen handelsüblichen Dünger für unsere Tomaten oder Kartoffeln kaufen müssen.

Aber wie schon eingangs gesagt, wir wollen niemanden überreden, selbst das Gärtnern anzufangen. Wer dazu keine Lust, keine Zeit oder keinen Platz hat, kann auch selbst Obst und Gemüse pflücken. Wir pflücken beispielsweise immer Brombeeren an der Straße, in der wir wohnen – Privatstraße, wenig Verkehr und unter Garantie keine Spritzmittel. Aus den Brombeeren haben wir bislang nur Marmelade gekocht, aber aus Holunderblüten, die wir ebenfalls im Frühjahr an dieser Straße gepflückt haben, leckeren Sirup eingekocht, der über Wochen Grundlage für „Hugo" zum Feierabend war.

Nun hat nicht jeder ein solches Idyll direkt vor der Haustür. Dennoch gibt es die weitere Möglichkeit, kostenlos Obst zu pflücken. Ein Beispiel dafür ist die Aktion „Gelbes Band", die bundesweit eingeführt wurde.

Mein Haushaltsbuch **Monat / Jahr ....**

Nr.	Datum	Beschreibung	Einnahme	Ausgabe

			Gesamteinnahme	Gesamtausgabe

Mein Haushaltsbuch = Mein Sparbuch

Mein Haushaltsbuch **Monat / Jahr ....**

Nr.	Datum	Beschreibung	Einnahme	Ausgabe

			Gesamteinnahme	Gesamtausgabe

Mein Haushaltsbuch **Monat / Jahr ....**

Nr.	Datum	Beschreibung	Einnahme	Ausgabe
			Gesamteinnahme	Gesamtausgabe

Mein Haushaltsbuch

Monat / Jahr ....

Nr.	Datum	Beschreibung	Einnahme	Ausgabe

			Gesamteinnahme	Gesamtausgabe

Vergleich zum Vormonat   Monat / Monat / Jahr ..../........./.........

Gesamteinnahmen Vormonat		Gesamteinnahmen Aktueller Monat	
Gesamtausgaben Vormonat		Gesamtausgaben Aktueller Monat	
Mehreinnahmen Vormonat		Mehreinnahmen Aktueller Monat	
Mehrausgaben Vormonat		Mehrausgaben Aktueller Monat	
Einsparungen Vormonat		Einsparungen Aktueller Monat	
Besonders teuer Vormonat		Besonders teuer Aktueller Monat	
Besonders günstig Vormonat		Besonders günstig Aktueller Monat	
Einmalige Ausgabe Vormonat		Einmalige Ausgabe Aktueller Monat	
Nachzahlungen etc. Vormonat		Nachzahlungen etc. Aktueller Monat	
Sonstiges		Sonstiges	
Persönliches Sparziel Vormonat		Persönliches Sparziel Aktueller Monat	

Finden Sie an einem Obstbaum also ein gelbes Band um den Stamm gewickelt, so heißt das für Sie, dass sie dessen Obst gratis und ohne Rücksprache ernten dürfen. Auch das ein Beitrag gegen Lebensmittelverschwendung. Doch verhalten Sie sich nicht wie Familie Raffzahn – denken Sie daran, dass auch andere Menschen gerne einmal ein wenig Obst für sich kostenlos ernten möchten.

Aus den Erzählungen der Schwiegermutter wissen wir noch, dass nach dem Zweiten Weltkrieg viele Bewohner der zerstörten Städte zum Stoppeln aufs Land gefahren sind. Mit Genehmigung des Bauern – und damals vor lauter Hunger sicherlich auch manches Mal ohne dessen Einverständnis – durften Männer, Frauen, Kinder nach der Ernte die auf den Felder verbliebenen Reste von Kartoffeln oder anderen Gemüsen einsammeln und für sich verwenden. Wir selbst haben dies noch nicht ausprobiert, aber wir wissen, dass heute wieder Leute ausziehen, um zu Stoppeln – natürlich nur mit Genehmigung des Bauern, dem das Feld gehört. Vielleicht haben Sie in der Nachbarschaft ja einen Bauern, den Sie fragen können, ob Sie nach der Ernte sein Feld absuchen dürfen. Uns würde es freuen.

Was man sonst noch tun kann, um Geld zu sparen.

Wir haben bislang vor allen Dingen den Bereich der Ernährung aus unserer bescheidenen Sicht beleuchtet. Aber es gibt so viele Möglichkeiten im Kleinen, für sich persönlich Einsparungen im täglichen Leben vorzunehmen. Die können wir hier nur kurz anreißen, aber wir sind sicher, dass Sie selbst bei sich auch noch ungeahnte Einsparpotenziale finden werden. Wir haben beispielsweise alle Energiespar- und anderen Glühlampen im Haus gegen LEDs ausgetauscht. Wir nutzen ab 22 Uhr Nachtstrom zum Waschen unserer Wäsche und zum Einkochen unserer Lebensmittel. Unsere Spülmaschine haben wir zuletzt vor Monaten benutzt, ich muss dazu allerdings sagen, dass wir durch unsere Solaranlage auf dem Dach im Sommer immer 80 Grad heißes Wasser aus dem Wasserhahn haben. Und wir sind nur ein Zwei-Personen-Haushalt. Wir nutzen unseren Wäschetrockner nur noch im Ausnahmefall und vorzugsweise nach 22 Uhr. Wir haben alle Standby-Geräte nicht in der Steckdose, wenn wir sie nicht brauchen. Wir fangen Regenwasser auf, um unsere Pflanzen im Garten und auf der Terrasse zu gießen.

Mein Haushaltsbuch **Monat / Jahr ....**

Nr.	Datum	Beschreibung	Einnahme	Ausgabe

			Gesamteinnahme	Gesamtausgabe

Mein Haushaltsbuch = Mein Sparbuch

Mein Haushaltsbuch

Monat / Jahr ....

Nr.	Datum	Beschreibung	Einnahme	Ausgabe

			Gesamteinnahme	Gesamtausgabe

Mein Haushaltsbuch

Monat / Jahr ....

Nr.	Datum	Beschreibung	Einnahme	Ausgabe
			Gesamteinnahme	Gesamtausgabe

Mein Haushaltsbuch = Mein Sparbuch

Mein Haushaltsbuch **Monat / Jahr ....**

Nr.	Datum	Beschreibung	Einnahme	Ausgabe
			Gesamteinnahme	**Gesamtausgabe**

Vergleich zum Vormonat   Monat / Monat / Jahr ..../........./.........

Gesamteinnahmen Vormonat		Gesamteinnahmen Aktueller Monat	
Gesamtausgaben Vormonat		Gesamtausgaben Aktueller Monat	
Mehreinnahmen Vormonat		Mehreinnahmen Aktueller Monat	
Mehrausgaben Vormonat		Mehrausgaben Aktueller Monat	
Einsparungen Vormonat		Einsparungen Aktueller Monat	
Besonders teuer Vormonat		Besonders teuer Aktueller Monat	
Besonders günstig Vormonat		Besonders günstig Aktueller Monat	
Einmalige Ausgabe Vormonat		Einmalige Ausgabe Aktueller Monat	
Nachzahlungen etc. Vormonat		Nachzahlungen etc. Aktueller Monat	
Sonstiges		Sonstiges	
Persönliches Sparziel Vormonat		Persönliches Sparziel Aktueller Monat	

Mein Sparbuch

Wir duschen statt zu baden – was wir bislang immer sehr gerne getan haben. Wir fangen auch das Duschwasser auf, um damit das kleine Geschäft in der Toilette zu spülen. Wir haben draußen im Garten nur Solarlampen, aber das schon seit ein paar Jahren. Wir trinken meist nur Wasser aus der Leitung und kein Mineralwasser aus der Flasche. Und nein, wir haben keinen Wassersprudler. Wir essen alles, was wir kochen oder anders zubereiten, auf und vermeiden es, Essensreste wegzuschmeißen. Wir haben das Autofahren auf ein Minimum reduziert und planen Einkäufe nun weitaus bewusster als früher. Wir haben unser ganzes Konsumverhalten umgestellt und kaufen, wenn wir etwas benötigen, tatsächlich auch Secondhand ein. Vor ein paar Tagen haben wir angefangen, jeden Tag ein paar Cent oder auch mal einen Euro ins Sparschwein zu werfen für kleine Extras wie einen Ausflug oder mal ein Essen im Restaurant. Wir haben unsere Handyverträge heruntergestuft und festgestellt, dass wir auch mit weitaus weniger Datenvolumen auskommen als bisher. Macht pro Monat 12 Euro pro Handy – eine kleine Summe, aber immerhin ein Anfang. Und wir sind immer noch dabei, weitere Dinge auszuprobieren, um unsere Kosten zu reduzieren.

Nun fragen Sie sich sicherlich, ob all das, was wir anstellen, sich auch tatsächlich lohnt und in der Geldbörse spürbar ist. Nun, es lohnt sich, das dürfen wir versichern. Unsere vernünftige Vorratsplanung – und bitte denken Sie nicht, wir wären zu Hamstern geworden – zahlt sich aus. Wir haben in dieser Woche seit Montag (heute ist Donnerstag) genau 1,79 Euro für ein Päckchen Scheibenkäse ausgeben. Alle anderen Lebensmittel wie Gurken, Bohnen, Tomaten, Gurken, Kartoffeln, Pfirsiche und Erdbeeren kamen frisch gepflückt aus dem Garten. Allerdings steht am Freitag noch der Wocheneinkauf für ca. 40 Euro an. Das Fleisch, das wir vor acht Wochen im Angebot gekauft haben und das eine hervorragende Qualität hat, kommt portionsweise aus der Gefriertruhe auf den Grill oder in die Pfanne und dann auf unsere Teller. Brot und Brötchen backen wir selbst – das klappt nicht immer mit Nachtstrom, der bei uns rund 20 Prozent günstiger ist als der normale Tagstrom, aber wenigstens hin und wieder.

Vielleicht sollten Sie noch wissen, dass unser Ansporn, viele Dinge zu probieren, um Geld zu sparen, tatsächlich aus der Not geboren worden sind. Wir sind selbstständig, finanziell zunächst durch die Corona-Pandemie gebeutelt, um dann seit dem Frühjahr 2022 mit enormen Preissteigerungen weiterhin belastet zu sein.

Mein Sparbuch

Wir haben ein kleines Eigenheim, das noch längst nicht abbezahlt ist, fahren einen zehn Jahren alten Kleinwagen, das aber aus Überzeugung, weil wir kein größeres Auto brauchen – weder für die Strecken, die wir fahren, noch als Statussymbol. Wir sind also nicht das, was man im klassischen Sinn „arm" nennt. Aber wir spüren jede Preiserhöhung deutlich in unserer Geldbörse. Wenn Strom plötzlich 80 Prozent teurer ist und Pellets für die Pelletsheizung innerhalb eines halben Jahres um 100 Prozent teurer werden, dann tut auch uns das verdammt weh. Und da wir nicht wissen, wohin das alles in den kommenden Monaten noch führen wird, haben wir uns entschlossen, einfache Einsparmöglichkeiten auszuprobieren.

Wir hoffen, dass wir Ihnen mit unserem Haushaltsbuch = unserem Sparbuch ein paar wertvolle Anregungen mit auf den Weg geben konnten.

Nanja Holland

Persönliche Notizen

....

....

....

....

....

Persönliche Notizen

Persönliche Notizen

....

....

....

....

....

....

....

....

....

....

....

....

....

....

Printed in Poland
by Amazon Fulfillment
Poland Sp. z o.o., Wrocław

70994293R00046